님 惠存 靑山 김동욱 贈

끝이 있는 길을 걸어가며

끝이 있는 길을 걸어가며

2025년 3월 3일 초판 1쇄 인쇄 발행

지 은 이 | 김동욱
펴 낸 이 | 박종래
펴 낸 곳 | 도서출판 명성서림

등록번호 | 301-2014-013
주　　소 | 04625 서울시 중구 필동로 6 (2, 3층)
대표전화 | 02)2277-2800
팩　　스 | 02)2277-8945
이 메 일 | msprint8944@naver.com

값 12,000원
ISBN 979-11-94200-65-9

※ 잘못된 책은 교환해 드립니다.
※ 이 책 내용의 일부 또는 전부를 재사용하려면 반드시 저작권자의 동의를 얻어야 합니다.

김동욱 제2시집

끝이 있는 길을 걸어가며

도서출판 명성서림

작가의 말

　세상은 온통 거짓과 위선이 판치는 권모술수에 빠져 공정과 정의가 무너져 내리고 있다. 민의의 전당 여의도의 선량들은 연일 민생은 내팽개치고 서로를 헐뜯는 배신의 정쟁에 매몰된 채 막말과 욕설을 마구 쏟아내면서 품격을 떨어뜨리고 있다. 백척간두百尺竿頭의 벼랑 끝으로 내 몰린 이 나라는 도대체 어디로 흘러가려나.

　어느 날 나는 내 삶의 뒤안길을 되돌아보기 위해 끝이 있는 길을 걸어가며 여정을 떠나 숲속의 정적 드리워진 깊은 산사山寺를 찾았다. 바람결에 흔들리는 풍경소리와 스님의 은은한 독경소리에 취하여 잠시 고단한 삶의 역경을 내려놓고 푸른 하늘과 자연의 품 안에 안긴다.

　산골자기 양지바른 무덤가에 앉아서 삶의 무지로부터 깨닫는 공空의 세계를 본다. 모진 겨울을 이기고 피어난 꽃의 미소와, 척박한 토양에서 짓밟히면서도 끈질기게 피어나는 냉이의 생명력을 바라보노라면 순수한 사랑을 잃은 사랑의 파열음, 경쟁의 굴레에서 몰락하는 외로움, 생의 갈림길에 내몰린 인연들을 온몸으로 느끼면서 험난한 고난의 길에서도 언젠가는 돌아갈 희망의 그날 그때를 꿈꾸리라.

순수성을 잃은 영혼들이여! 미망에서 깨어나라. 한강의 기적, 경제적 성장 동력을 누가 만들었는지 그대는 아는가? 조상이 피땀 흘려 이룩한 산하를 두고 이민을 떠나려는 젊은이들이여! 묵언으로 가르치는 보리심(으로 무장하여) 백장미의 유혹에 (현혹되지 말라).

 이성의 굴레에 빠지지 아니하고 아프로디테(Aphrodite)-미와 사랑의 갈망을 찾아 나서라. 대륙을 말 달리며 요동 정벌(하던 선조들의) 후예들이여! 전선에서 휴전선의 얼을 지키던 병사들이여! 우리 민족의 얼과 맥박을 길에 후대에 물려주어야 한다. 삼독三毒-[탐욕貪慾, 진애塵埃, 우치愚癡]의 늪에 빠지지 말고 희망과 도전은 포기하지 말라! 숲속의 적막을 깨는 시적詩的 울림에 침잠하라!

 거짓에서 멀어질 때 공든 탑은 무너지지 않는다는 것을 굳게 믿으라!
 정신을 가다듬고 낮은 자세로 나의 제2시집 『끝이 있는 길을 걸어가며』를 세상에 내 놓는다.

차례

004 — 작가의 말
135 — 서평

제1부
삶의 뒤안길 되돌아보며

13 — 운명 1
14 — 운명 2
16 — 운명 3
17 — 운명 4
18 — 운명 5
20 — 운명 6
23 — 삶 1
24 — 삶 2
25 — 삶 3
26 — 삶 4
28 — 삶 5
29 — 삶 6

제2부
잠언 같은 언어들의 향연

33 — 동반자 2

34 — 선택 2

36 — 선택 3

37 — 선택 4

39 — 달 2

40 — 달 3

41 — 구멍 6

42 — 산사에서

44 — 묘지에서

45 — 문학인의 인격

47 — 카인과 아벨 1

48 — 권모술수

49 — 그대와 나

50 — 길 1

53 — 끝이 있는 길을 걸어가며

54 — 친구의 죽음에 1

제3부

자연의 신비와 비밀

57 — 백장미

59 — 메밀꽃 1

60 — 메밀꽃 2

61 — 바람 속에 2

62 — 바람 속에 3

64 — 개나리꽃

65 — 개양귀비

67 — 겨우살이

68 — 국화

69 — 꽃양배추

70 — 냉이

72 — 목련

73 — 단풍나무

74 — 목화

76 — 문주란

77 — 밤나무

79 — 숲 2

80 — 숲 3

81 — 숲 4

제4부
우리 민족의 얼과 맥박

85 — 독도 2

86 — 경마장

88 — 아! 김삿갓 1

89 — 아! 김삿갓 2

90 — 전선에서 2

92 — 경제

93 — 독립투사의 노래

95 — 은둔

96 — 적막

97 — 애국심 1

99 — 언론 1

100 — 우리는 어디로 4

102 — 우리는 어디로 5

103 — 이민

105 — 순수성 4

106 — 순수성 5

제5부
삭막한 삶의 현장에서

109 — 도시 사람들 2

110 — 좁은 문

112 — 웨딩홀의 피아노 소리

113 — 노숙자 1

115 — 떠난 친구

116 — 배신의 늪

117 — 사랑 1

118 — 외로움 1

120 — 인연 1

121 — 희망 3

123 — 희망 4

124 — 희망 5

125 — 희망 6

126 — 자유방임 사회

128 — 빈집 2

130 — 빈집 3

132 — 계단 1

제1부

삶의 뒤안길 되돌아보며

바다 건너에서 정 그리워 우는지?
긴 원망하는지?
배움의 계단 제대로 밟아 오르는지?

운명 1

무너져 가던 나라 마지막 왕
나라 지킬 자격 박탈당한 반도
오적의 칼춤 보기 싫다 고개 돌려
영혼 간직하려 간도 연해주

끌려간 처녀들 늑대들에---
수십 년 물 전기 고문
주인 잃은 태극기 고려인들 품에

이회영 금덩이 독립 군불 지피느라
좌진 두한 그 정신 살아있어
오늘도 깨어있는 혼이 나라 지킨다

서대문 복도 붉은 벽돌마다 맺힌
그 복도에 기대어 눈 감으면 들려오는
찢어지는 비명 기도 소리 흐느낌

고통 안겨준 섬나라 이기려면
큰 고개 넘어야 하는데 이념으로 흩어지니
귀 막은 이들 어찌해야 하는가?

운명 2

삶의 순리 따라 운명 받아
지구 수십 바퀴 오가던 익숙한 길
운전대 뒤 잠자리 오성급 호텔

금리 오른다는 뉴스 미생의 길
악마처럼 달려드는 대출의 발톱

인간의 삶 영겁회귀永劫回歸
휴게소 외진 곳 찾는 불청객
맑은 공기는 잊었어도 하룻밤 애수

떠돌이 운명 스스로 선택한 회한
메피스토펠레스와 계약 외면해온 삶
한 맺힌 대출금 갚고 이사 가는 꿈

삶의 괴로움 집 쌓임에 있어

저 멀리 아스라이 보이는 산과 언덕 넘으면
기타 치며 노래하는 숲 너머 둥지에는
따스한 체온 품은 동반자의 미소

운명 3

실체 교묘하게 감추는 본능에
원치 않는 아이 낳아 피투
자신의 실체 찾으려는 희망

당당히 정도 걸어가야 할 삶이
갈애로 미생의 삶 살다 밀려나
핏덩이 바다 건너로

지워지지 않는 큰 원죄
산사 백팔번뇌로 기원 길어져
그 번뇌에 세월이 배려할까?

내세 기약하는 스님의 낭랑 독송
연기설 윤회 설법

바다 건너에서 정 그리워 우는지?
긴 원망하는지?
배움의 계단 제대로 밟아 오르는지?

다가오던 잠도 지쳐서
갈 곳을 정하려고 떠나간다

운명 4

바다 건너온 바람이 속삭이는 말
출생에 작은 혹 달린 비밀
호기심 그리움 세월 따라 다가와

길고 검은 윤기 흐르는
아름다운 머릿결 바람에 흩날리는 순수
여기저기 젖 내음 흔적 더듬어

진하게 내음 풍기는 몇 개의 문 두드려
지워진 흔적의 희미한 퍼즐 맞추며
길 잃었던 삶 일으켜 세우는 카타르시스

원죄 지은이 삶의 골 찾아 은둔자
애절한 어린 영혼이 부르는 메아리
그대의 원죄 잊었으니 얼굴 보여 달라는

비바람에 녹슬어 잘 열리지 않는
녹슨 창문 애써 열어

햇볕이 주는 기회의 강 건너간다

운명 5

국민을 싣고 가는 큰 배
그 배를 젓는 사공이 주인인데
그 배를 이끄는 선장은 누구인가?

고급 실크 넥타이 맨 이
나날이 거실 화면에 침입
떠드는 언어의 강에 진실 떠나

눈귀를 가리는 가짜 편집 화면
긴 세월 진실 가리니
눈치 챈 국민은 누군가를 기다리고

거짓이라도 시청료는 내라는 압박
하루의 삶에 눌려 지친 이들에게
왜곡의 강물 더 세게 흐르니

나라는 옥토 사라지고
사막으로 변하고 있는데
따라오라는 이들의 광기어린 눈빛

음침한 미소 띤 이들이 노리는 목표는?
봄바람처럼 부드러운 계엄이 다가와
한숨 쉬던 국민은 진실에 눈을 뜨고

왜곡의 강물줄기를 다른 곳으로 돌리는
잠시의 시간들이 알리는 진실
잠에서 깨어나는 이들의 분노의 절규

멈춰야 하는데도 그대로 가자는
그들의 목표는 어디에 있을까?
102030의 명쾌한 두뇌의 흐름

깨어있는 젊음의 외침 높아져
포승에 묶인 선장 미소 피어나
폭도들에 끌려가다 탈출한 왕

십자군 전쟁의 왕이 나타날 때까지
수렁으로 들어가던 암흑의 세월
그 세월이 조금 더 길었다면 나라는?

깨어난 어린 영혼들이여
그대들이 미래의 주인들이니
바른 길 찾아서 이 나라 이끌어가라.

운명 6

해와 달이 교대하자고 약속한 날짜
달력에는 한 달 동안의 먼지 떠나가고
몇 장의 달력이 넘어가다
새로운 달력이 제자리 잡아서 한 동안 버틸 때

어느새 올라갔는지 한 층씩 쌓이던 성냥갑 건물
마감재 없이 휑하니 뼈대만 앙상하게 구멍 뚫린
아파트 공사장 고층에 부는 차가운 삭풍

화장 안한 콘크리트 덩어리 바라보며
그 한 칸 언젠가 내 것 되리라는 희망
그 콘크리트 덩어리가 좋아하는 지폐 뭉치 쏟아 붓다
흰 머리의 수 늘어나고
미래의 길 열어 달라며 바라보는 아이는
둥지 떠날 채비를 하느라 날개 퍼덕이며
또 다른 세계로 나아가려
흰머리와 바람의 도움 받아 날아오르려 한다

미완성 건물의 여기저기 뚫린 휑한 구멍 사이로
빈약하게 말라 흔들리는 성냥갑을 곧 무너뜨릴 듯
바람이 휘두르는 채찍 소리 윙윙거리고

건물의 강한 뼈대 만들라며 응원하는
오물 묻어도 모른 체하는 돈 뭉치의 힘으로
뇌물 먹은 철근은 임무를 다하려
이를 악물고 강한 바람에 맞서 싸운다

고층의 난간에 매달려
남은 부채 갚으면 내 집이라 믿는 희망
달력의 새로운 쪽 나타날 때마다
삶에 도전하는 오기는
새로운 싹이 올라오듯 나날이 솟아나
육신 밑천으로 그날그날에 최선을 다할 뿐
삶에게 크게 원하는 것 없이 길을 간다

눈치 보며 스멀스멀 일어나 다가오던
탐진치貪瞋癡 스스로 깔고 앉으며

단단한 허리가 받쳐주는 길지 않은 세월의 덕분으로
긴 여정 이어오다 한계에 이르렀는지
여기저기 빨간 경고등 켜지는 몸
아직도 코크리트와의 약속 이루어지지 않아
육신의 호소 못 들은 체하며
욱신거리는 발걸음 내딛는 이들

삶 1

찬란한 그대여!
이곳에 오고 싶어 오신 건 아니지만
스쳐가고 만나는 인연들 미련 카타르시스

굶주린 늑대들 배회하는 황야
그대도 미세한 상처 입지 않을 수는 없어
비바람 몰고 와도 흔들리지 말라

밀려오는 파도에 깎여 그대의 모습 변해도
영혼을 팔아서는 안 되니
삶 그 뒷줄의 한 자리에서 고도를 기다리는가?

오가다 만나는 인연이 쏜 의미 없는 화살에
순결 버리는 이들 바라보며 외로움 택해
봄비를 따라가려는 이들의 순수

보고 싶지 않은 인연으로 다시 만나지만
누구나 겪는 애별리고 받아들여
낙엽 지는 가슴에 스며드는 진적

삶 2

주인 떠난 오지의 빈집
과거의 기억 지우라는 무성한 덩굴
긴 세월 주인 행세하며 둘러치는데

오지로 깊이 숨어들어도
도심으로 가자며 찾아오는
속세의 어떤 인연들 이타주의는 멀어져

삶에게 빌린 대출금 갚았다 해도
인연은 어느새 옆에 다가와
그대의 지난날의 초상은 어떠한가?

한 조각 지난 초상 지우려하니
원금 갚았어도 이자 남았다는
더 깊은 골짜기로 피해보지만

어두운 그림자 달빛서린 창문가에 이미 와 있어
여기저기에서 수십 년 공든 탑 무너져 내리는데
그대와 내가 쌓은 탑도
여기저기에서 무너지는 소리 들려온다

삶 3

끈질기게 매달리는 속세의 삶에게
남은 이자마저 갚고 남은 건
주인 떠나고 없는 오지 빈집 한 채

거미 다람쥐 고라니 벗하며
주인 인척 들어앉아
비워달라며 찾아오는 이 없는

존재에 대해 추구하는 삶
이집에 살던 화전민 어디서 살아갈까?
쓰러지던 움막에 생기가 돋고

속세의 거친 늑대들 보지 않으니
삶에 가시는 사라져가고
노동 찾아오는 아프로디테

삶 4

그대와 나 마주 보고 있어도
등 돌리고 돌아서 있는 것이고

그대는 미소 짓고 있어도
그대의 마음 보이지 않아

그대의 진실을 보여줘
거짓 미소는 연극인의 흉내일 뿐

삶에게 잘못 배워
거짓 연기에 익숙해지는 그대

그대의 거짓 미소 이어지니
나는 그대에게서 멀어져갈 뿐

이미 그대는 나의 영역 밖에 있으니

삶 5

이 순간 잠시 스쳐가는 짧은 쾌락
그대 삶의 의미는 아니니
에로스 아닌 아가페 선택하라

사탄과 동행하는 살기 띤 경쟁만이
삶의 유일한 탈출구라 여기지 말라

현실에 고개 숙이는 재빠른 타협만이
긴 생존의 유일한 길이라 우기지 말라

그대 타협으로 영혼의 일그러진 오류誤謬
한 두 번은 생존하지만

언젠가 길 잘못 든 탐욕의 함정에
뇌성벽력 속으로 사라질 것

삶 6

아무런 의미 없이
생명 하루 더 연장함을 기뻐하기 보다는

오늘 나를 쓰러트린 거친 위협에
쓰러졌다 다시 일어나 비틀거리면서도
나보다 더 다친 이들을 외면하고
나만의 길을 걸어온 게 아닌지 돌아보고

오늘도 누군가를 위한 작은 선
행 할 수 있었는데도
나의 짐 조금 무겁다하여
그대를 애절하게 바라보는 이를
외면하지는 않았는지 돌아보라

작은 악이라 하여
누군가 보는 이가 없다하여
몰래 해버리지 않았는지?
하늘이 보고 있다는 것을 모르는가?

그대가 지나온 하루의 발자취
세심하게 더듬으며 명상에 잠기어보라

그대의 가슴에
아직도 마르지 않은 맑은 옹달샘
솟아오르고 있는지를 돌아보라

제2부

잠언 같은 언어들의 향연

매미와 장단 맞추는 낭랑한 독경 풍경소리
눈 감고 가슴 쉬게 하는 잠시의 시간

동반자 2

땅거미 눈치 보며 슬며시 다가오는 숲속
휘파람새 부엉이 소리 아스라이
애수에 젖은 애잔한 여린 가락 정적을 깨고

동장군 눈보라 외로워 밤새 창문 두드릴 때
숲속 오두막 화로 마주 앉은
다가오는 역경에서 손 놓지 않으리

수평선 떠오르는 해 바라보지만
멀리서 먹구름 밀려오던 때
그대의 온기만이 나를 잡아 주었네

작은 둥지 휩쓸려가 폐허만 남은 공터
주춧돌 흔적 찾아 다시 기둥 세울 때
탐진치에 고개 돌리는 맑은 영혼들

선택 2

동심의 배에 함께 타고
가슴의 투명함 서로 보여주던 친구들
예행연습 없이 바다로 나아갈 때

삶의 압박에 동심의 손 멀어지고
갈림길에서 손 흔들며
하나 또 하나 멀어져 가는 친구들

사악한 영혼을 끌어안은 동심을 보며
정상 궤도 돌아오게 하려는 진실 된 이들
면회 온 철창 안과 밖

맑은 영혼 남은 이들
모선을 수리하여 손 내밀어도
그 손잡는 이들 몇 남지 않았네

멀리서 바라보는 포세이돈

선택 3

난파된 배에 남은 친구들
물 식량 떨어져
방향 잃고 떠도는 배

가끔 나타나는 신기루
구조 기다리다 마감하는 이들도
밤새 몰래 보트로 떠난 이들도 있어

이성은 뼈만 남은 이들을 떠나고
삶은 손을 내밀지 않는데
멀리 수평선에 나타나는 구조선

한 번의 기회를 주려는 삶이
마지막 기회를 주러 나타날 때
그대는 그 손을 놓치지 말아야 해

존재와 시간

선택 4

삶에게 빌린 부채 조금 있어도
그 부채 갚으려 나날이 쫓기는 이들

옆에서 부추기는 사탄 유혹
눈 돌리지 않으며 성실히 길 걸으려 하나
약한 이성으로 빠져드는 굴레

후회로 나가는 길 찾지만
굴레는 힘든 조건을 제시
등 뒤에서 덜커덩 철창문 닫히는 소리

문 열어줄 친구 누군가 오리라 기대하는
모선에서 떠난 지 오래여서
잊혀져가는 영혼들의 발길 오지 않아

창문으로 다가온 달이 말하기를
동심의 친구라도
너무 멀리 가 버린 이 도울 수는 없다고

달 2

어제는 하얀 도포 입으셨는데
오늘은 푸른 장삼 입으시고
긴 팔 휘저으시며 멋진 춤

고단해진 몸 잠시 쉬시느라
검은 구름 뒤 오두막집 숨으시는
아름다움 과시하는 공작새

누구도 흉내 낼 수 없는
우아한 자태 다시 드러내어
독수공방 긴 밤 여인 포옹하시고

아픔 견디며 지나온 여정보다
다가오는 미로 잘 견디라는 조언
새벽이 밝아오도록 들려주는 긴 밤

여인은
아프로디테가 환하게 비춰주는 도움으로
돌다리 건너며 고독을 달랜다

달 3

그대가 쉼 없이 가야 하는 그 길에는
아름다운 은하수 순수한 눈빛 반짝이는
감미로운 여정만 있는 게 아니어

밤새 운전대 잡은 이들
외로운 직업 걷는 이들 지켜주고
선량한 영혼 쓰러지는 것 잡아주며

순수가 훼절하지 않게
인간이 탄 수레 궤도 이탈하지 않게
환하게 길을 비춰주다

제우스의 지시대로
영원한 빛 간직하는 수련
그대의 큰 공로 누구나 알고 있다네

구멍 6

여인의 짙은 향수 내음처럼 다가오는
아리 야리한 유혹 내음에 흔들리고
에로스와 금덩이의 황홀한 감촉에 중독

진실 된 영혼 스스로 버리는 어리석은 영혼들

갈림길에서 번뇌 파도 일으키는 욕애欲愛
등뼈 휘어져 버린 삶에 후회 눈물 흘리며
바삐 달려가는 기회 기다리다 지친 이들

한탕 노리는 병든 기차에서 내리지 않고
기회를 놓치는 이들
다시 오는 기차를 기다리지만

궤도에서 이탈 너무 멀리 가버린
향긋한 영혼은 돌아오지 않아
황금과 색 그리워지는 그늘 어찌할까?
그대의 진실을 보여줘

산사에서

가슴속 시커멓게 찌들어 멍이 든
녹슨 폐의 하소연에 매연은
앞만 보고 달려갈 뿐 고개 돌리어

도심 장악한 황금 덩이의 압력
작은 조각이라도 기다리며 못 떠나는 이들
잿빛 포도 주변 서성이고

그 작은 조각 얻으려 굽신거리는 주름
스트레스는 영혼도 흔들어
영혼이 병든 이들 늘어나

목탁소리 그리워 산사가 그리워
순수한 영혼 지닌 스님 찾으려 하지만
그곳에는 순수의 조각이 남아있을 뿐

매미와 장단 맞추는 낭랑한 독경 풍경소리
눈 감고 가슴 쉬게 하는 잠시의 시간
속세에서 잠시나마 버틸 재료는 될 것인가?

묘지에서

봄 처녀와 동행한 산들바람이 미운지
번뇌 서린 얼굴로 다가오는 가녀린 보슬비
주위 살피며 빗줄기 조절해 주는 배려

삶 후반부에 떨어진 번개 한 줄기 맞으신 후
작은 한 품으시고 떠나가신
아름다웠던 한 여인 쉬시는 산

철퇴로 내려치는 잊혀가던 그때
힘없는 여인으로 무지와 마주하여
극복하기 힘들었던 단단한 벽

유교 이념 깊이 서린 울타리에 갇히시어
바위 같은 한 사내와 동행하던 긴 여정
단단한 울타리를 허물 수는 없었네

뿌린 씨앗 꽃피우려 의자 위 올라서 발돋움하시다
부처의 공空 깨달으실 때
갈애의 골짜기에서 벗어나 가시었으니

문학인의 인격

하루 한 끼 그리워하는 이들의 영혼
삶의 존재와 가치 진실 탐구?

세끼 온전히 간직하는 이들의 영혼
에로스 아가페 흐르는 강물에서 목욕

욕망 그리움 강물을 헤엄치는 이들
그들의 육신에서 기름기 흐르니

간절히 그리워하며 건너보지 않은 이들
삶의 깊이 애절함 절박함 아픔 알까?

존재 실체 탐구하는 이들 중
기아의 큰 강을 건너는 이들도 있어요

문인의 진실 된 영혼이 흐르는 글
고통의 강 건너본 후 더 가치 있으리라

후천적 명제

카인과 아벨 1

헬리오스가 내려주는 이슬의 정기 마시며
금빛 반짝이던 아이의 맑은 눈동자에 순수만
속세가 가르쳐 준 탐진치 유혹 다가와
잡념 끼어든 영혼은 누군가를 노리고

기회 노리던 사탄 다가와
영혼 속 잠자던 악마 일으켜
귓속말로 뭔가 중얼거리어
갈애에 더 깊이 빠지는 가인의 명색名色

최초의 살인자 되어버린
사탄의 유혹에 흔들리지 말았어야 했는데
그 소리 들려올 때 귀 막았어야
자아 잃었던 한순간

괭이 호미 쟁기 잡던 정직한 손에 흉기 들려있어
잔잔한 호수처럼 순수만 헤엄치던 눈빛이
이글거리는 광기 출렁이는 뇌우와 동행하니
한순간이 영혼의 갈림길에 선다

권모술수

권력 바라보는 바람의 말
권불십년이라 중얼거리는데

자릿수 많으니 탄핵을 밥 먹듯 부르니
달리는 이들이 제자리걸음

밀실에서 칼 가는 이들이 만든 번개에 맞아
오르던 사다리 무너지니

나라 걱정에 만들던 질긴 줄
번개에 맞아서 끊어져 버렸으니

사공이 많으니
배는 어디로 가는지 모르고

바라보는 국민들은
과거 한 시대 한 지도자를 그리워하는데

그대와 나

그대와 나는
강을 건너다 만났지만

그대가 미소 지으며 팔을 잡고 당겼을 때
나는 순순히 손을 내밀었네

혼자 건너기보다는
그대와 나 함께 건너는 게 외롭지 않으니

저 강 건너에서
그대를 기다리는 이가 있을지---

그곳에 진심으로 그대를 반겨줄 이 없더라도
그대와 나 저 강을 건너야만 해
운이 좋다면
진심으로 그대를 기다리는 이를 만날 테니

길 1

그대가 이곳으로 초대받아 온 건
그대 의지 아니었다며 긴 변명하여도
무거운 철문 열고 들어온 이후
누구도 이곳을 마음대로 떠날 수 없으니

꿀물 고이는 몇 자리 두고 몰려드는 벌 떼
줄어드는 꿀 먼저 빨려는 이들
소수 자리다툼에 나라가 흔들리고
정도 걷는 이들은 밀려나니

도 넘은 권모술수는 악의 묘수 깊어지고
인연 아닌 인연들을 만나는 도심
자고나면 이합집산이니
이 나라가 어디로 갈 것인가?

국민들의 잠자리 잠 오지 않고
늘어난 빚더미 누구 책임지는 이 없는데
마이크 잡고 더 빚내어 퍼주자는 소리
깊은 산골에도 울려 퍼지고 있으니

끝이 있는 길을 걸어가며

가슴 깊은 곳의 진실 숨기며
얼음처럼 차가운 거절
날 세워 쏘아대며
다가온 순수 간직한 보라색 여심
돌려세워야 했던 혹한기 세월

사랑이 사치스러운 그 시절
양손에 매달리는 어린 영혼들 손잡고
삶의 갈림길에서 서성이다
외로워도 가슴 비우는 세월 가시밭길
맑은 영혼의 손은 굳게 잡고 가는 여정

어둠 속 얼음구멍 사이로 빠져도
일어나 한 걸음 한 걸음
순수한 삶이 부르는 희미한 메아리 들으며
눈보라 칼바람 사이로 걸을 때
늑대의 울음소리 긴 여운

친구의 죽음에 1

구슬치기 딱지치기 제기차기 동심들
삶의 갈림길 각자의 길 찾기 위해
흩어지라는 거부할 수 없는 삶의 지시

삶의 어느 골목에서
먼저 왔다며 텃세하는 이들에
갈 길 막혀 방황하던 여린 영혼

인의 장막 뚫고 나갈 용기 없어
스스로 후퇴하여 골방에 갇혀
침묵과 벗하며 기울어가는

너무도 여린 영혼
수차례 잡아끌어도
주저앉는 여린 이 어디로 가야 하는가?

주저앉으며 침묵 속으로 빠져들어 가는
좋은 무기 주고 싶어도
손 휘젓는 이 어디로 가야 하는가?

제3부

자연의 신비와 비밀

중생위한 희생의 대가 바라지 않는
허기진 인간들에 풍성한 지원
이타적인 삶으로 삶 마감하지만
그대의 속 깊은 마음 아는 이들 있으리라

백장미

하얀 망토 입고 연못 미끄러지듯 걷는 여인
물질의 향기만 쫓던 사내들
연모의 정 품으며 넋 잃고 바라보는데

그대의 무한한 매력
육욕 가득 찬 이들에게 금욕 가르치고
묵언으로 가르치는 보리심 노승의 설법처럼

삶의 길이 쉼 없이 뛰어가야 할 만큼
급한 것 아니라며 쉬어가는 삶 가르치는
옹달샘 솟는 보조개 머금은 그대

하늘의 천사가 재단하셨는지
미세한 점 하나 보이지 않는 재봉선
신의 경지에 이른 섬세한 바느질 솜씨

흰 얼굴 살며시 들어
은은한 눈빛 마주치면
뜨거운 유혹의 눈빛 숨이 멎는다

메밀꽃 1

올곧은 순수함으로 나신 드러내
정념情念 가득 안은 하얀 눈꽃

위선 지운 청아한 골에
밀회 때 달빛의 조언 받으며
눈치 보며 살며시 내려오시어

적막이 자리 잡은 골에는
가마타고 온 반가의 규수 맞아들이느라
밤새 들떠 잠 못 이루는 달밤

지게 지고 스스로 먼 길 걸어서 찾아온
등불 든 파라 스레한 바람이
시냇물 청음 밤새 조잘거리는 야회夜會

내일 기약 없는 사랑에 빠졌던
허 생원의 영혼 순수 사랑 떠오를 때
그 사랑 간직한 골 깊이 더듬어본다

메밀꽃 2

허한 세상 떠도는 부초 같은 나그네 인생
스스로 택하여 묵묵히 걸어가는 여로
진하지만 짧은 사랑 그리워하는

긴 여운 아쉬움이 당기는 힘
나도 모르게 그곳으로 자꾸만 발길이 가는
그 사랑의 자취 더듬어보는 밤

별빛이 파르르 가녀리게 어깨를 떨며
등불로 아련히 비추어 주는 냇가
목욕하는 여인 달빛에 빛나는 하얀 피부

차가운 이성 찾으려 애쓰지만
흔들리게 하는 아름다운 그 모습
저 멀리 뒤로 점점 멀어져 가는 그 하얀 골

다가오며 눈앞에 자꾸만 아른거려
가던 발길 다시 돌리어 되돌아가
영원히 그곳에 머물고 싶은 마음 어찌할까?

바람 속에 2

바람 그대는 갈대이며 변덕쟁이
봄 처녀처럼 아름다운 자태 보이며
천사의 미소 살포시 지어 보이다가

갑자기 돌아서며
날카로운 이빨 번쩍이며 노려볼 때
목적지 잃어버린 나그네들 만들어

끝없이 변신하는 그대는
그대의 세계관 정체를 알 수 없는
악마처럼 보일 때도 있으니

바람 그대는 어디에서 왔다가
누구를 만나러 그렇게 달려가는가?
그대가 이곳에서 원하는 건 무엇인가?

삶에서 그대의 즐거움은 무엇인가?
그대와 동행하는 친구들은 누구일까?
그대의 색깔은 어떤 색?

바람 속에 3

지하도의 차갑고 인내심 모르는
냉혈한 시멘트 바닥을 피난처로
떠나지 않는 겨울의 강 건너는

누군가 버린 소박한 종이박스 몇 개
막다른 길에 이른 이불을 벗 삼아
나약한 무기로 넓은 강 건너가야

삶에 대항할 좋은 무기 없는 이들
그들의 아린 사연 모르는 척
동정심 없이 마구 휘두르는 회초리

냉정한 그대의 등 떠미는
개나리 든 처녀가 다가오는 때
그대 바람의 색도 노랗게 변하고 있어

개나리꽃

산골에 얼어붙은 냇물 차갑다며
불러도 눈 흘기며 다가오지 않더니

두터운 코트 입은 신사 송별식
뿌리치지 못하고 립스틱 짙게 칠해

요염한 봄 처녀 미소 지으며 다가와
못 이긴 체하며 내미는 그녀의 손

노란 꽃 몇 송이 들고 문 앞에 서 있어

냉정한 척 침묵 지키던 겨울 나그네
꽃다발 받고 붉어지며 머뭇거릴 때
사랑의 애무 진하게 한 후
미련 남지만 말없이 돌아서 가시네

개양귀비

지나가는 총각들 농익은 눈짓에도
눈 내려 깐 채 내숭 뿌리며

한 사내 기다리며 세월 베 짜고 있는
순수 품은 진실만 간직한 처녀

반가의 순결한 규중처녀처럼
한 점의 티끌도 없는 청순한 매력

립스틱 짙게 칠한 유혹적 입술로
애잔한 미소 지어 보일 때면

가마 타고 떠나가야 할 시간
닭이 울고 있으니
너의 몸속에 감추어진
위급한 이 고통 다독이는 효능 뿌려다오

겨우살이

숲의 진실 깊은 가치 모르는 이들
짙은 화장한 꽃들만 바라보는데

권력에 아부하는 세인들의 눈길 피하려
속인의 손길 피해 낭떠러지 위의 터전

순수한 바람만 방문하는 암자에 홀로
독야청청 선비의 길 걸으며

지난 생의 업 지우는 나날
서경덕의 길 추구하는 면벽 수행

누가 알아주지 않아도
고고한 기상 바람결에 전해오고

책 읽는 소리만 골짜기에 울리고
영혼의 수준 높이는 절제된 수행 도피안

그대의 진실을 세상에 펼쳐라

국화

어느 여인이 등 돌려 떠나가며
의미심장하게 마지막으로 남긴

정신 몽롱하게 유혹하는
짙은 향수 내음의 여운 생각하다

잊었던 추억의 골짜기 산책하다
눈물이 잠시 머물다 잊혀간 그 자리에

그대의 애잔한 모습
가슴을 파고들며 아스라이 다가오니

그대의 외모에 끌려 육신 탐하는 자 보다
진실한 영혼 지닌 이의 손길 그리워하고

진실 없는 비릿한 내음 풍기는
물컹한 에로스 사랑보다
영혼의 돛 펄럭이는 아가페 그리워한다

꽃양배추

매혹적 몸매 침 삼키며 바라보는 이들
윤기 흐르는 육신 풍성하고 알찬 가치 알지만

자연이 준 본래의 모습 파괴하는 건
미안한 마음으로 그대를 품으려는 이들
하나의 업을 쌓는 것 같은 생각이 들어
손 내밀어 뽑지 못하고 망설이는데

내일을 준비해야하는 중생 위해 작은 희생 하며
늠름한 그대의 사려 깊은 보리심

중생위한 희생의 대가 바라지 않는
허기진 인간들에 풍성한 지원
이타적인 삶으로 삶 마감하지만
그대의 속 깊은 마음 아는 이들 있으리라

냉이

눈부시게 아름다운 자태 아니어도
명당 음지 가리지 않는 지관의 삶

조용한 은둔자로 수행의 길

정진근의 삶 스스로 단절하고 싶지 않으나
그대의 효능만 탐하려는 이들 몰려와

속인들의 손길 다가와
그대의 터전 파헤칠 때

갈애 충만하여 찾아오는 이들 채워주며
침략자들에게 연행되어 계획은 끝이 나니

서민의 소박한 바람 위해
그대의 희생은 기여를 하는구나

오가는 이들에게 짓밟혀도
다시 회생하는 생명력

목련

우리 가슴속 알 수 없는 미혹의 파도 몰려와
실타래의 매듭 뒤엉키어
매듭 풀지 못하고 엉키는 삶

원점에서 너무 멀리 가버린 여정
단순했던 지난 오점 더듬어보며
원점으로 돌아오는 길에 핀 꽃

하얀 그녀의 미소에 시들은 나그네의 영혼
그의 밭에 다시 하얀 꽃 피어나
잃어버린 유토피아 희망을 되살리어

목련의 미소 의미 아모르파티
비웃으며 지나쳤던 자신의 얕은 지성 돌아보는데
나그네여 그대가 지닌 독기 그녀 앞에서 버려라

혼자여도 외로워하지 말라는
그녀의 은밀한 따스한 속삭임에
외로움은 산 넘어 떠나고 있었다

단풍나무

홀로 오지의 깊은 숲으로 들어가
가을의 농익은 뜨거운 가슴속에 손 깊이 넣으려는데

미소 짓던 가을은 스스로 빨개진 가슴 헤쳐 보이며
유혹하는 여인의 미소 은근히 보여주고

속인들이 찾아와 그대 어루만지니
바라보던 밤나무 시기심으로 투덜거리고

미모 지닌 그대 자부심 오만함 가질까 봐
겸손의 미덕 미리 배웠으니

배고픈 벌 힘든 날개로 방황할 때
그대는 나신 벌리어 귀한 꽃가루 내어주며

그대의 희생으로 바이올린 첼로 깊은 음 만드니
욕망 가득 찬 눈빛들 흉기 들고 다가설 때

인간 위해 운명 피하지 않고
몸 순순히 맡기는 살신성인

목화

가을바람이 은근히 손을 내밀어
푸른 손잡고 미소 지으며
외로운 여정에 동행하던 미인

자연이 부여한 혜택
부풀어 터지는 가슴의 풍만함 지나쳐
감추지 못하고 드러내며 은근히 유혹하는

어느 예술가가 마력의 손으로 만들었는지
그대가 지닌 인간 포용하는 능력
하얀 솜덩이는 화롯불 온기

그대는 두고 온 먼 고향 그리운지
고향 소식 듣고 싶어
그곳 지나쳐온 산들바람과 속삭이고

혼수 신혼 이불의 중후한 무게감
긴 세월 큰 삶의 여유 뿌리며
무덤까지 동행하던 뿌리 깊은 나무였네

문주란

햇볕 아래 미래 찬란한 기름진 명당 아닌
자연의 공정한 지원 외면하는 소외된 자리에서도
주어진 삶 받아들여 불만 애써 표시하지 않아

화사한 미소 여전히 잃지 않고
타고난 미모에 아름다운 영혼 간직
스스로 외유내강 현모양처의 길

정진근의 삶에서 은근히 미모 뿌리는
햇살의 공정한 은총만 가끔 뿌려주시면
먼 남쪽 자라 섬 그리움 자제하며

남도의 외딴 섬에 귀양 간 선비
언젠가 좋은 시절 오면 풀려날 때 기다리듯
더 빛을 내어 아름다운 미모 다듬어 보여준다

밤나무

긴 세월 이어온 이타의 삶
무거운 짐 지고 긴 세월 그 자리 지키다

이제 나이 들어 몸 가누기 힘든지
지나가는 이들의 머리를 툭툭 치고

자연이 주신 무게 무거워졌다며
짐 덜어가라 유혹하는 그대

그대들이 머무는 곳이 유토피아라는
그대의 강의를 듣는 숲

세계와 격리되면
그대는 존재할 수 없다는 교훈

숲 2

세상이 차갑게 변하기 전
아름다운 영혼 누구나 지니고 있어
서로를 믿으며 배신 모르고 살아가더니

언젠가 시베리아의 차가운 대군 몰려올 때
배고픈 늑대들 울부짖으며 뒤 따라 몰려와
아수라 만들어 삶을 쑥대밭 만들어도

믿음의 시대는 실망하여 잠시 떠났어도
맑은 영혼들은 숲속 깊은 동굴에 은둔하며
맑은 시대가 오기를 기도하시니

숲은 인간들이 마구 파헤쳐도
잠시 후 우수한 복원력으로 다시 살려내어
속세와 거리 두며
긴 세월 명상에 잠기는 견성

숲 3

삶에 목말라 갈증 날 때 그리워지는

전쟁터에는 본능 앞세우며
서로 손톱 숨기며 거짓 미소 악수

도피하는 그대의 아늑한 품
변색 된 영혼들 더러운 모습으로
그대의 가슴으로 파고 들어오니

포용력 강한 숲은 간직한 면역력으로
오염된 영혼들 치유하고

밤새 비바람 숲 오두막 창문
강하게 들이치더니
새벽안개는 모든 걸 덮으며 산책

숲의 정화작용 사라지지 않도록
맑은 요정들이 은둔해 살도록
깊은 배려해주는 그대의 넓은 가슴

숲 4

인간은 숲의 무한한 인내심 이용해
갈애로 일어나는 이기적 탐욕만 채우려

중생은 식욕 성욕 물욕만 남은 수치 모르고
아귀영혼 지닌 채 숲에 안기려 하니

그대는 드넓은 포용력으로
속인들을 차별 없이 안아주지만
속인들은 은혜를 모르니

정진근 게을리 하며 선인선과 모르던 이들
삶의 이치 정견 정념의 길 다시 배우며
중생의 썩은 영혼 그대의 텃밭에 버리고 떠나

중생을 진여의 자리로 돌려보내면서도
그대는 아무런 대가 요구하지도 않네

제4부

우리 민족의 얼과 맥박

삼족오의 피 이은 무인들과
전쟁터 누비던 높은 기상 이어받아
고구려 장군은 아니지만
승부의 세계로 치달리는 거센 콧김

독도 2

동해 지키며 군웅할거 여러 용龍들
천지 울리는 뇌성벽력 격한 사랑 나누다
우렁차게 하늘로 치솟아 오르실 때

안개 사이로 빠트린 반짝이는 귀한 알 하나
수만 년 동해 지키는 바위 되어
도요토미 후손들 경계하며

끌려간 도공들 수백 년 그리움
야만인에게 가르친 고급 기술
다도 만들어 자기 기술이라 우기고

징용 끌려가 이름 모를 이국 땅
굴속에서 아리랑 부르시던 억울한 영혼들
정신대로 끌려갈 때 뒤돌아보던 소녀들

깊게 패인 바위에 새겨진 안 종복
충신의 굳은 의지 이어받은 후손들
바위는 아직도 충심 간직하며 성불

경마장

삼족오의 피 이은 무인들과
전쟁터 누비던 높은 기상 이어받아
고구려 장군은 아니지만

승부의 세계로 치달리는 거센 콧김
우아한 그 모습에 속인들 환호
기울은 승부에 고개 숙이는 순간들

좁은 울타리 안의 냉정한 가슴
드러내는 순간 다가오면
그대는 은둔의 장소로 떠나야만 하고

그대의 높은 품격
좁은 울타리에서 잘못 쓰이는 것
가슴 아파하는 이들의 눈물

높은 기상으로 요동 벌판 누비던
그 기상을 언젠가는 보게 될 날
그대의 내세에서는 있을지 모르니

아! 김삿갓 1

조상의 작은 수치는
당시 실세들이 덮어씌운 올가미
턱없는 중과부적 누구에게 덮어씌우나?

조상의 잘못 아님 삿갓이 알았는데
방랑의 길 그만두고
후손들 키웠어야

아! 안타깝도다!
조상의 작은 문제 모른 체하고
그대의 가는 길만 닦으면 되었는데

번개 번쩍이는 두뇌 이어받았어도
삿갓으로 떠돌며 낭비한 시대의 잘못
후손들이 원망하는데

그대의 길 당당히 걸었다면
번개 머리로 당상관 넘어 정승으로
조상의 미미한 죄 덮고 나라를 키웠을 터

아! 김삿갓 2

큰 잘못 아닌데
은둔자로 살았던 추웠던 삶
너무도 억울한 이들의 조상

추위 모르는 세상 살았던 친일파 후손 중
친일행적 잘못 영혼의 반성은 없이
대대로 이어받은 수치심 모르는 영혼

조상의 잘못 모르니
물려받은 땅 내어놓으라는 오만함
짐승과 초인 사이에서 어느 쪽인가?

김삿갓의 여정과는 너무도 다르니
부끄러움이 아닌 것을 부끄러워하는 이와
부끄러운 걸 모르는 오만 위선의 차이

맑은 양심 흐르는 재판정에
검은 먹구름 몰려오고 뇌성벽력
그 오만함은 김삿갓의 겸손 가르친다

전선에서 2

좋은 무기 없다면
바닥부터 시작하라는 삶의 강한 압력에
언젠가 뛰어오르려는 야망 가지고
미소 드러내려 노력하는 청춘

가족의 먹이 구하려는 개미들과
미래 동반자 찾으려는 이들
지하철 속으로 달려가지만
삶은 만만하게 자리를 주지 않아

삶의 서부전선이 무너질 때
신병 보충병들 몰려와 참호가 채워져
전선을 사수하느라 뚫린 철모를 만지다
당겨쓴 돈에 밀려 궁지로 몰리는 이들도

전선의 여기저기 뚫리는 곳 나타나고
패잔병들의 영혼은 투쟁력을 잃어갈 때
교회의 종소리가 도심을 전전하고
삶이 잠시 휴전을 제안하는 시간

경제

완고한 자갈 덩이 버티던 황무지
다독이며 순화시키던 고난의 긴 세월
초가지붕 걷어내던 새마을 노래

빨리 가는 도로 못 만들게 드러누워
우물 안 개구리들의 노랫소리 막을 때
한강의 기적 소리 세계로 퍼져나가

보릿고개 모르는 이들이라면 먹으면 된다는데
자갈밭 옥토로 바꾼 이들 허리 굽었어도
나라 발전 쇠말뚝 깊이 박은 업적

조상님의 대 이은 고생으로
주머니 금덩이 무게 늘었으나
받기만 한 세대 자갈 골라내던 고통 모르니

스스로 주머니에 작은 구멍 몇 개 뚫어
빚의 무게 스스로 늘리어
구멍 난 주머니에서 새는 금가루는 바람결에 사라지고

독립투사의 노래

주권 외면하고 떠나간 땅 국가 아니라는데
봄이 올 때까지 이별 하지만
영원한 이별 아니기를

고향 떠나는 마지막 배 기다리는데
외치기 싫은 뱃고동 소리 더 슬픈데
그 소리 가슴 파고들어 실향민들의 가슴 후벼 파

영원한 이별이 될지도 모르는
불안한 마음이 드는 건
긴 세월 돌아오지 못하게 될지도

짐 가방 들려니 그 무게 천근이고
아이의 손잡으니 긴 여정의 무게
어찌 감당할지 막막하여라

서대문에 갇힌 이들의 무게
어찌 방면할 수가 있을지
독도는 왜 조용히 있는가?

은둔

보슬비 천천히 오솔길로 걸어오실 때
나뭇잎 생글거리며 반겨주는데

비의 마술이 시작되는 시간
그 시간을 고대하던 시인

맑은 구슬이 통통 건반을 두드리듯
아름다운 멜로디 들려주는 우산 쓰고

숲속 덩굴 사이 비밀 장소로 가는
네 평 양철지붕 비밀의 명상 은둔지

잠시 속세와 절연하는 양철지붕 오두막집
시인의 변치 않는 친구인 낡은 책 몇 권
정화 된 먼지와 벗하며 주인 기다리고

테이프로 수선한 책 여기저기
긴 세월 주인과 동행한 오랜 흔적

햇빛이 숲속을 천천히 산책할 때
은둔 시인은 안개 낀 숲을 산책한다

적막

영혼 잃은 인간들과 맞서느라
생긴 영혼의 깊은 상처 치료하느라

나의 영혼이 가자는 곳으로
위로 기대하며 그대를 찾아가는 발길

그대를 만나는 은밀한 재회의 행복
그대의 가슴에 안긴 시간의 행복

그 행복이 상처를 치료 해주고
산딸기 머루 다래나물 손을 흔든다

별이 찾아오는 시간이 오면
나무 위 오두막에 누워 시를 짓고
깊은 적막이 찾아와 어깨동무할 때
외로운 적막은 긴 한숨 쉬며 잠 이룬다

애국심 1

여기저기에서 포탄의 연기 피어오르고
아이 잃은 부모들의 절규
지원하여 전선으로 떠나는 이들의 애국가

외국에서도 죽음 각오하고
귀국하여 전선으로 향하는 이들
그들의 애국심 누가 가르쳤을까?

젊은 피난민들 눈빛 번쩍이며
피난 행렬에 뒤섞인 탈영병들 붙잡고
함께 전선으로 돌아가자 독려하니

대통령도 싸우자면 독려하는 그 나라
국민성에 놀라 지원하는 나라 늘어나
포탄 전투기 미사일 지원이 늘어나는 희망

LIES LIES LIES LIES
LIES LIES LIES LIES
LIES LIES LIES LIES
LIES LIES LIES LIES
TRUT
LIES LIES LIES
LIES LIES LIES
LIES LIES LIES

언론 1

거짓 쏟아내는 창고
진실 쏟아내는 창고

나라를 발전시키려는 세력
나라를 다른 곳으로 끌고 가려는 자들

심판은 국민
심판이 공정해야 하는데

다른 곳을 보면서 코를 후비고
이 틈에 나라는 떠나가고 있어

한 번 떠나간 나라는
돌아오려면 백 년이 걸린다는데
그런데도 심판은 먼 하늘 바라보며
포를 후비고 있었으니
자제력 남은 이들이
한숨의 강이 흐르고 있는 곳

우리는 어디로 4

운명 바꾸어보려
뛰어나다 으스대는 점쟁이 찾아가니
관상 좋아 길운 트인다는 말 하시니

미세한 티끌도 없는 인생이라 자랑하지만
여러 점의 티끌 꼬리를 잇고

수차례 타협하는 하루의 여정 뒤로하고
둥지로 돌아가는 길
지하철 계단에서 죄지은 것 없지만
엎드려 자비 애원하는 이에
동전 하나 던지지 않는데

미소 지으며 다가오던 행운이
미간 찡그리며 발길 돌리고

타협하느라고 푹신한 소파에 파묻혀
양주 잔 권하며 미소 짓는 여인에
수표 쥐어주는 미개인

긴 여정에서 가끔 찾아오는 행운
어디로 갈까 망설이다가
평생 한 번도 행운을 바라지 않던
그늘진 지하방의 불운에게
마지막 기회를 주려고 문을 두드린다

우리는 어디로 5

삭막한 현실이 가르치는 길에 어긋나는
작은 양보의 미덕 배운 이들의 운세
좋게만 흘러간다면 좋으나

그대의 사려 깊은 선행
누군가 지켜보는 영혼 있고
푸른 하늘이 보았으니

점쟁이의 운세 아니어도
언젠가 행운이 다가오리라

삶의 계단 빨리 오르기 경쟁에서
누군가를 위한 한 번의 양보가
그대의 생사를 가르는 게 아니라면

몇 번 정도는 잠시 자리 비켜주며
먼 산 바라보며 한 걸음 늦게
삶의 계단 조금 늦게 올라가더라도
맑은 영혼들 숨 쉬는 소리 들으며 길을 가라

바쁜 가운데에서도
미소 짓는 여유를 다듬는 삶 가져야 한다네

이민

이 땅의 선조님들 창칼 들고 막아내며
북쪽의 강 건너 달려드는 오랑캐들
피 흘려 막아내며 지켜온 이 산하

선조님들의 유골 쓰다듬으며 지켜온 산하
눈물 흘리시며 긴 시간 지켜보시는
선조의 한 머금은 산하의 아름다움

사랑하는 산하 그대를 남겨두고
선조님들이 유골 두고 떠나는 이들
미래를 보장하는 그대 두고

떠나려는 이들 얼굴빛 어두워
기울어가는 것을 바르게 잡지 못하고
물러나는 이들의 나약한 이들도 있으니

순수성 4

누구나 꽃길만 걷는 건 아니라더니
예외가 있다고 그대가 속삭였었지

이곳에는
밀어주는 바람을 타야만
목적지에 빨리 도달할 수 있다는

그런 풍문이
오래전부터 떠돌고 있었다오

그대의 순수성을 의심하는
정도에서 벗어난 때가 있었던

그대는 살랑이며 속삭일 때
뒤안길 걷는 이들에게 공정 정의 가르치던

향긋한 순수를 간직했던 때의
바람으로 돌아오기를 애타게 기다리는
향내 나는 바람이 아닌
탄내 나는 바람결에 영혼이 아파하니

순수성 5

철학자 바람이 은근히 흘리는 말

구름처럼 모여 이웃으로 살아가더라도
공정 정의 냉정하게 선 그을 수 있는

아직도 매력 있는 영혼들 남아 있으니
그대의 오랜 강의 효과 있었네

그대가 홀로 앉아
독서를 하던 깊은 골에는

그대가 돌아오기를 기다리는
아름다운 순수 간직한 처녀가 있어
태양이 제우스와 의논하여 만든
그대의 자리는 정해진 곳이 없었네

제5부

삭막한 삶의 현장에서

삶의 미소 기대한다면
그대의 영혼 변하지 않았다는 것

도시 사람들 2

녹색 향기와 삶의 여유 춤추는 고향
그곳을 떠나 도심으로 향하던 날

그대들에게 다가오는 공기
고향의 녹색 공기는 동행하지 않으니

콘크리트 구조물 속
좁은 사무실의 책상 칸막이 담장 너머

팽팽한 긴장의 강이 흐르고
그래프에 목을 매는 눈빛과 치열한 경쟁

경쟁의 깊이는 더 깊어지고
삭막한 삶에 고개 숙이는 영혼들 짐을 싸고

악취 나는 골목길에서
떠나온 그곳의 녹색 공기 그리워진다

모두가 진실은 사라지고
그대의 진실을 보여줘

좁은 문

큰 간판 걸린 곳
푸른 청년들 몰려드는

줄 서 비집고 들어가는 좁은 문
문턱 높고 폭은 좁아 한명씩 들어가는

입사 동기 술자리 추억
해 바뀌어 뒤처지는 이들

누구는 여기저기 좋은 비료 뿌려
누구는 나타나는 그래프 춤사위 훌륭하다고

주여 그대의 때는 언제인가요?

박수 속에 계단 먼저 오르는 이들
동일 선에서 뒤처지는 동기들의 눈빛
삶의 여유는 압박에 고개 숙여

세월이 약속한 약속된 구원 멀어져
그 문턱 수년 드나들던 세월에
아이들 벌리는 손 커지고 있었다

웨딩홀의 피아노 소리

삶의 진정한 출발선 향수가 뿌려지고
다른 세계로 나아가는 웨딩홀
하객들의 축하는
긴 여정 손 놓지 말라는 기원

부케의 방향이 가는 길을 따라가야 하는데
축가의 행진 사이로 천사의 메아리
다가오는 욕망의 열차 올 때마다
그 열차에 타지 말라는데

걷는 여정 곳곳에서
유혹의 향수 띤 미소에 욕망은 타올라
입을 맞추려 다가설 때
그대의 육신 제어하는 영혼의 끈 세게 당겨야

삶 몇 고개 넘었을 때
바람결에 들려오는 불길한 풍문
그 하객들의 미소 일그러져
엎질러진 물 어떻게 담을 것인가?

노숙자 1

도심의 골목에서 피어오르는 악취
온실 속 인간들조차 옷깃 여미는 계절
갈 곳 없는 이들이 머무는 자리

동장군의 냉정한 칼바람
언제 멈출지 모르지만
다가오는 봄은 언젠가는 오시리라

골판지 몇 장으로
단단한 벽을 쌓는 지하도의 소크라테스
칼바람 잠시 막아보는 시간의 여정

그 시간의 길이는 왜 그리 긴지?
동행하는 이들의 외로움
삶의 궤도에서 이탈한 세월

그의 삶의 길이도
하룻밤 외로운 여정이 지나면
한마디가 더 짧아지리라

떠난 친구

제기차기 병정놀이 동심들
세월의 흐름에 몸 맡긴 후

타협의 기술을 배우지 않으려는 순수
삶이 던지는 돌에 입은 상처

거센 태풍 만나 희망 사라진 이들보다
큰 충격은 아닌데도

그 가벼운 무게마저 너무 힘들다는
경쟁 피하려는 나약한 영혼

스스로 삶의 무게 더 무겁게 하는
어둠의 길로 걸어 들어가 은둔자로
손잡아 햇빛 속으로 당기려는 친구에게
나를 두고 가라며 동굴 속에

갈 길 바쁜 친구들
고개 돌리고 길 재촉했고
순수 이성은 자유 찾아 먼 길 떠났네

배신의 늪

삶의 무거운 짐 핑계로
배신의 늪으로 스스로 들어가는
그렇게라도 삶 이어가려는 이들

나약한 위치에서 시작하는 삶
불리한 조건에서 극복하려는 의지
자유를 포기하면서 손 벌리는 이들

휘청이는 나라와 국민들 보면서도
국민으로서 권리 자유를 포기하는
희미한 영혼들이 늘어가는 나라

오염된 이들과 오염된 지역
더 넓어져 가는 위험한 곳이 되어갈 때
항거하던 베네수엘라 시민들의 자유

자유와 공정을 갈구하는
당연한 권리 잃어가는 것
강 건너 불구경하듯 하는 지구촌
그 국가는 국민을 배신

사랑 1

어느 날 먹구름 하늘만 보였는데
두터운 구름의 작은 틈새로
햇빛 한줄기 무지개 사다리로 내려와

그 햇빛과 동행한 천사들의 하얀 드레스 들고
마을과 도심 산골 둘러보더니
산골에서 양 떼 몰던 그에게 손 내밀며

잠시 후 그대에게 처녀가 다가올 때
그대가 푸른 영혼 간직하고 있다면
평생의 행복을 지켜 줄 처녀가 함께할 거라고

그대에게 순수한 영혼 없다면
그녀는 다른 이를 찾아갈 거라고
넓은 가슴 따스한 가슴 방 한 칸 준비

다가오는 순수한 처녀
그의 눈 깊게 들여다보더니
그대의 순수함 읽고 가슴에 안기네

외로움 1

몰락은 경쟁의 굴레에서
먼 곳으로 떠나가게 만들어

약자의 긴 줄에서 벗어나지 못해
나날이 고개 숙이던 일상

그곳에서 먼 곳으로 떠나
몰락이 아니었다면 맛보지 못할 공기

언제 경쟁자의 화살이 날아올지 모르는
그곳을 떠나는 이들
외로움이라는 적인지 아군인지

살며시 다가와 세월의 숫자 지우니
원치 않는 자연인 되어버린
세월의 강물은 넘실거리며 흐른다

인연 1

길 가다 만나는 생의 갈림길에서
잠시 동행하던 이들과 헤어질 때
미지의 길 여러 갈래

나날이 오가는 출퇴근 길
돌다리 두드리듯 더듬거리며 오가던 길
지하철 버스정류장 여러 인연의 스쳐감

사람의 벽을 뚫고 달려오던 시선은
세월의 흐름에 그 시선은
한곳을 겨냥하며 다가오고

그 강한 시선에 가슴을 열려는
냉정한 가슴 가진 이들
개나리 필 때 열리는데

삶의 냉정함에
사무실 현장의 냉정함에 닫혔던 창문
긴 세월 쏘아대는 화살에 열리고 있었다

희망 3

그대가 걸어오며 힘들여 만든
희망의 배 파손되어
원점으로 돌아가야 하는 한 점에서

정체를 알듯했으나 알 수 없는 삶
예견되는 험한 고난의 길
신발 끈 조여 매는 세월

마지막 기회도 사라지던 그때
누군가가 부르는 소리가
어둠 속에서 희미하게 들려오던 그때

좀비처럼 다가오던 손아귀
잠시 주춤하던 그때
그대에게 희미한 빛이 비추이던 그때

희망 4

그대들이 걸어가는 여정에는
미소 띤 천사만 있는 게 아니며
천사로 위장한 늑대들도 여기저기

성직자 외우는 성서
악마도 성서를 인용할 줄 안다는 것
그대들 아시는가?

큰 재물을 한 번에 안으려는 욕망은
그대의 영혼에 악령이 미소 지으며 다가오는
미세한 틈새 만들 것이니

그런 미세한 틈새 만들지 않는
단단한 영혼을 가진 그대라면
언젠가는 코스모스 피는 꽃 길 볼 것

희망 5

삶의 미소 기대한다면
그대의 영혼 변하지 않았다는 것
꿈에서 다가오는 천사에게 보여준다면

어느 날 온기 머금은 손
모나리자의 미소 띤 천사가
그대에게 잠시 다가올 것이니

재물보다 영혼을 가다듬는
그것도 잠시도 그치지 않는
지성을 이성을 형이상학을 가다듬으면서도

삶에 도전하려는 투쟁의지
아끼지 않는 실천력 없으면서
몸 아끼며 온실에서 뭘 기대하는가?

희망의 천사를 잠시라도 만나려면
그대의 실천적 삶이 시키는 대로
어두운 방에서 문을 열고 나가야 해

희망 6

젊음이 동굴 같은 구석에서
컴퓨터에 빠진 나날
게임이 현실이라도 되는 듯

늪에 빠져 허우적대는 사이
삶은 점점 늪으로 빠져 들어가다
누군가 손 내밀어도 잡을 힘없어 질 것

일어나라 나아가라 젊음을 썩히지 마라
곳곳에 늑대들이 보이더라도
그들과 펜으로 몸으로 투쟁하라

늑대의 거친 숨결 소리
귓전에 가까이 느껴질 때에도
도전을 포기하지 마라

젊은이들이여 나아가라
나라를 위하여 나아가라

자유방임 사회

아이가 부모에게 뱉어내는 반말
자유방임 최선의 양육이라 우기는
좁은 울타리 안 그들만의 밥상머리 교육

간섭 모르고 자라
머리 큰 사회에서
처음 경험한다며 반발

자유방임
백지 동심에 검은 먹구름 그리게
오선지에는 어두운 미래 나타나

단단해야 할 부모의 권위
스스로 무너트린 죄
미래는 고민 속에 쌓여 있었다

빈집 2

주인의 손길 나날이 애무하던 아름다운 시절
물걸레 마른 걸레와 부대끼어 반짝이며 동거하던
친구들 잊은 지 오래인 단단한 툇마루에

먼지는 친구인 바람과 동행하여
정처 없이 따라오다 길 잃어 자아 잃었지만
주인의 마음 떠나간 툇마루에 드러누워
쉬는 세월 기약 없이 길어지고

햇볕이 미소 지을 때 터 닦아 집 지으며
떠나신 주인이 애착 강해 데려온 굵은 서까래
빛 잃어가지만 아직도 주인의 초심 아는지
무너지려는 지붕 타이르며 단단하게 버티고

떠나간 주인의 고향 그리워하는 마음 기대하여
가녀린 미련 버리지 않고 기다리며
아직도 우람한 팔뚝 굵기 자랑한다

기다림에 지쳐 한숨 쉬는 서까래 기둥삼아
거미는 홀로서기 하느라 투명한 차일 치듯
생사가 걸린 나선형 발 이리저리 엮어
미풍 속에 높이 걸어 산들바람에 그네 타며
운 다해가는 곤충의 불행 앞당기려 텃세하고

잊을 만하면 소살 거리는 푸른 바람 찾아와
아직도 젊음 과시하는 섬돌과 사랑 나누다
한가한 햇볕과 소근 거리며 도시락 먹고 나서
목적지 미정인 채로 먼 길 떠나가고 나면
긴 세월 끊긴 인적에 세월만 차곡차곡 쌓여간다

빈집 3

마당의 잡초는 너무도 외로워
예의 모르는 친구들까지 데려오더니

빈 마당이 공허하여 외로움 더 짙어진다며
뒷산의 대나무 친구까지 불러들이고 있어

내려다보던 서까래는 무너져가는 집 보며 근심
마당에 대나무 잡초 더 우거지면
돌아오실 주인의 한숨 길어 지실까봐

사악한 사마귀 피해 이리저리 눈치 보며 다니다
갈림길에서 길 잘못 든 귀뚜라미는
장독에 고인 물마시던 외로운 여치와 얘기하며
길 떠나려던 생각 포기하고 고택에 들어앉아
언젠가 무대에 서는 날 생각하며
합창 연습하느라 분주하다

곳곳 허물어진 흙담 옆 경계서는 해바라기는
발소리 들려올 때면 담 너머 기웃거리며
언젠가 돌아오실 주인 기다리고

주인의 손길 기억에서 흐려져 가는 붉은 장미
마음대로 자라난 긴 줄기 담 밖으로 휘저으며
주인의 귀향 체념하고 눈 맞는 누군가 기다리며

너무 자라 주체 못하는 가지 꽃 다듬어줄
진실 간직한 사랑의 오묘한 의미 깊게 아는
순수한 영혼 가진 정착할 나그네의 손길 기다린다

계단 1

정도 벗어난 길 가지 않겠다던 영혼이
손사래 치며 거부하라는데도

스스로를 속이며 삶에 고개 숙이는
뒤안길 들어서며 자신을 돌아볼 때

현실과 타협하는 기술만이
앞서가는 고난도 기술이라는

타협의 기술이 우수해야
삭막한 삶에서 길 찾게 된다는

달인에게 배운 편법 넘어보려
책상에 앉은 시간 늘려가는 이들의 이력서

그런 노력을 밟고 가는
고난도 삶의 편법 기술
그 기술은 노력을 밟고 올라가는가?

서평

김동욱 시집 『끝이 있는 길을 걸어가며』 해설

카타르시스와 잠언에서 건진 심상의 정화

박종래 | 시인·문학평론가

 굼벵이로 7년의 암흑에서 버티지 않았다면 싱그러운 매미 소리를 들을 수 없을 것이다. 시는 마음 닦는 거울이라 했다. 방치하면 성에가 끼기 마련이다.
 데일 카네기가 인간관계론에서
"인간은 감정의 동물이다."라고 했다. 그만큼 사람은 희로애락의 감정이 수시로 변한다라고 보면 그럴만도 하다. 따라서 시는 문학 인으로서 필수 불가결하다. 시인은 시와 내공이 깊어질수록 스스로 어렵고 미숙하다고 자처한다. 그만큼 의인화, 메타포, 은유로 표현하는 것이 나올 듯 나올 듯하면서 깊어질수록 어렵기 때문이리라.
 김동욱 시인은 격식 없이 자유롭게 쓴다. 사회 현상을 과감하게 지적할 줄 알고 관찰력이 특별하다. 미사여구로 서정적 표현이 아니라 거칠고 거침없이 때로는 엉뚱하게 문장을 살짝 숨기면서 표현할 줄 안다.

제1부 삶의 뒤안길 돌아보며, 제2부 잠언 같은 언어들의 향연, 제3부 자연의 신비와 비밀, 제4부 우리 민족의 얼과 맥박, 제5부 삭막한 삶의 현장에서, 제5부까지 걸맞게 각 부의 제목을 달고 분류해 상재한 시집이다.

각 부에서 옥고 몇 편을 골라 살펴보기로 하지만 얼마나 가까이 접근해 풀어볼지 솔직히 의문이다.

> 무너져 가던 나라 마지막 왕
> 나라 지킬 자격 박탈당한 반도
> 오적의 칼춤 보기 싫다 고개 돌려
> 영혼 간직하려 간도 연해주
> 끌려간 처녀들 늑대들에---
> 수십 년 물 전기 고문
> 주인 잃은 태극기 고려인들 품에
> 이회영 금덩이 독립 군불 지피느라
> 좌진 두한 그 정신 살아있어
> 오늘도 깨어있는 혼이 나라 지킨다
> 서대문 복도 붉은 벽돌마다 맺힌
> 그 복도에 기대어 눈 감으면 들려오는
> 찢어지는 비명 기도 소리 흐느낌
> 고통 안겨준 섬나라 이기려면
> 큰 고개 넘어야 하는데 이념으로 흩어지니
> 귀 막은 이들 어찌해야 하는가?
>
> - 「운명 1」 전문

인간의 감정 喜怒哀樂에서 怒哀인 비극을 봄으로써 오히려 우울함, 불안감, 긴장감 따위가 해소되고 마음이 다짐되며 정화되는 일. 아리스토텔레스가 〈시학詩學〉에서 비극이 관객에게 미치는 중요 작용의 하나로 든 것이다. 이를 카타르시스라 일컫는다.

우리나라가 그와 같다. 사람도 마찬가지이다. 순탄한 길만 걷는 것이 아니라 고난과 역경, 슬픔과 비극을 겪으면서 더 다짐하고 진흙탕에서 푸른 떡잎과 아름다운 연꽃이 피어나듯 하는 것이다.

이씨 조선의 시조 태조 이성계가 고려를 멸망시키고 나라를 세운 해가 1392년이고, 마지막 왕조인 순종에 이르러 1910년이니 482년 동안 이씨 왕조 시대였다. 우리나라가 일본에 국권을 강탈당한 날이 1910년 8월 29일이었다. 이승만 등은 미국, 하와이 등에서 우리나라가 국권을 강제적으로 강탈당한 입장을 미국 등 서방 국가에 알리며 호소하는 방식의 독립운동을 하였다. 만주 상해에서는 김구 등 임시 정부를 만들어 실전으로 대항하였다.

독립운동가 이회영 6형제 일가는 만석지기 땅과 재산을 정리하여 신흥무관학교를 설립했다. 그리하여 우수한 무관을 배출하고 김좌진 장군 등을 앞세워 본격적인 독립운동을 전개하였다. 그로 인해 김좌진 장군이 이끄는 독립군이 일본군과 맞선 청산리 전투에서 대승하기도 했다.

 일본은 태평양 전쟁을 일으켜 중국 등 동남아 국가를 점령하고 민간인까지 괴롭혔다. 급기야 미연합군 비행장과 해군함대가 있는 진주만을 가미가재 자살특공대를 준비해 기습 공격해 많은 인명 피해와 군수 기지를 파괴했다. 이를 목격한 미 국민 등 언론에서 들고 일어나 결국 미 연합군은 일본 히로시마 등에 원자폭탄을 투하해 일본은 항복하기에 이르렀다. 그리하여 일본 식민지하에 있던 대한제국도 연합군에 의해 갑자기 해방이 되었다. 일제 말과 해방을 전후해 깡패 건달들이 상인들을 보호한답시고 관리세 등을 착취하는 등 나라는 해방 후에도 자리 잡지 못하고 이데올로기로 어수선했다.

 김좌진 장군의 아들 김두한 등은 협객으로 활동하며 반공청년이 되고 국회의원까지 지내며 –장군의 아들다운 면모를 보였다.
 지금도 서대문형무소의 감옥과 복도에는 비명과 기도하는 소리가 들리는 등 독립운동한 원혼들이 살아 있는 것 같아 후손들의 가슴을 아리게 한다. 이러한 핍박과 설움을 당한 국민은 똘똘 뭉쳐 단군의 후예답게 5천 년 역사의 혼불을 불러일으켜야 한다.고 저자는 제시하고 있다.

그대가 쉼 없이 가야 하는 그 길에는
아름다운 은하수 순수한 눈빛 반짝이는
감미로운 여정만 있는 게 아니어

밤새 운전대 잡은 이들
외로운 직업 걷는 이들 지켜주고
선량한 영혼 쓰러지는 것 잡아주며

순수가 훼절하지 않게
인간이 탄 수레 궤도 이탈하지 않게
환하게 길을 비춰주다

제우스의 지시대로
영원한 빛 간직하는 수련
그대의 큰 공로 누구나 알고 있다네

-「달 3 전문」

 달은 지구에서 가장 가까운 위성이다. 햇빛을 반사하여 밤에 밝은 빛을 낸다. 공전 주기는 27.32일, 반지름은 1,738km이다. 공전 주기에 따라서 보름달부터 초승달까지 빛의 변화에 따라 형태가 다르게 보인다.
 "그대가 쉼 없이 가야 하는 그 길에는/아름다운 은하수 순수한 눈빛 반짝이는/감미로운 여정만 있는 게 아니어//밤새 운전대 잡은 이들/외로운 직업 걷는 이들 지켜주고/선량한 영혼 쓰러지는 것 잡아주며/순수가 훼절하지 않게/인간이 탄 수레 궤도 이탈하지 않게/환하게 길을 비춰주다" 지구에서 가장 가까이 있는 달이 은하처럼 멀리 있다거나 캄캄한 밤에 달빛이 없다면 밤길을 어두워 한 발자국도 걷기 어렵다.

  비 오는 날이나 먹구름이 가리기만 해도 칠흑처럼 어둡다는 것을 알게 된다. 태양과 세 번째로 가까이 있는 위성이 지구다. 지구에서 달은 크기는 작아도 지구와 가장 가까이 있는 위성이기에 별보다 크게 보여 햇빛을 받아 반사시켜 주는 것이다. 견우와 직녀가 만난다는 전설 등 아름다운 은하의 순수한 눈빛 반짝이는 감미로운 여정만 있는 게 아닌 것이다. 우리는 전설과 동화적인 입장에서 비춰주는 크기의 변화에 따라 감흥이 다르게 느껴진다.

  달의 종류는 월삭, 초승달, 상현달, 보름달, 하현달, 그믐달, 여섯으로 구분된다. 따라서 달의 크기에 따라 느껴지는 것이 다르다. 눈썹 같은 초승달에서 느껴지는 것과 환한 보름달에서 느껴지는 것은 상반되기 때문이다. 주로 보름달에는 가로등이나 주마등이 없어도 밤새 운전대 잡은 이들이나 외로운 직업 걷는 이들에게 또한 선량한 영혼 쓰러지는 것 잡아주며 순수가 이탈하지 않게 이정표가 되어준다.

하루 한 끼 그리워하는 이들의 영혼
삶의 존재와 가치 진실 탐구?

세끼 온전히 간직하는 이들의 영혼
에로스 아가페 흐르는 강물에서 목욕

욕망 그리움 강물을 헤엄치는 이들
그들의 육신에서 기름기 흐르니

간절히 그리워하며 건너보지 않은 이들
삶의 깊이 애절함 절박함 아픔 알까?

존재 실체 탐구하는 이들 중
기아의 큰 강을 건너는 이들도 있어요

문인의 진실 된 영혼이 흐르는 글
고통의 강 건너본 후 더 가치 있으리라

-「문학인의 인격」전문

하루에 한 끼가 필요하고 그리워하는 이들 영혼의 삶의 존재와 가치 있는 진실의 탐구는 무엇일까

"세 끼 온전히 간직하는 이들의 영혼/에로스 아가페 흐르는 강물에서 목욕" 인간이 사랑을 하며 살아가는데 있어 무조건적이며 헌신적인 사랑과 그리스 신화에 나오는

사랑의 신처럼 하는 사랑이 있듯이 사랑의 느낌이나 종류는 다양하다. 한 끼에도 만족하는 이가 있고 세 끼를 꼭꼭 챙겨야 만족하는 이가 있다.

문학하는 이들도 늘 자신을 부족하다고 여기면서 끝없이 정진하는 이가 있다. 문학은 바로 창작하는 것이므로 충분히 만족하는 경우가 드물다. 그러나 밝고 맑은 글을 자주 읽고 사유하는 것이 중요하다. 시 한 편을 빚기 위해서 몇 날 며칠을 퇴고하는 이가 있는가 하면, 일기 쓰듯 하루 수 편씩을 술술 써 내는 경우도 있다. 물론 시의 깊이와 의인화. 은유적, 메타포로 표현해 내기는 쉽지 않다.

개나리꽃

산골에 얼어붙은 냇물 차갑다며
불러도 눈 흘기며 다가오지 않더니

두터운 코트 입은 신사 송별식
뿌리치지 못하고 립스틱 짙게 칠해

요염한 봄 처녀 미소 지으며 다가와
못 이긴 체하며 내미는 그녀의 손

노란 꽃 몇 송이 들고 문 앞에 서 있어

냉정한 척 침묵 지키던 겨울 나그네
꽃다발 받고 붉어지며 머뭇거릴 때
사랑의 애무 진하게 한 후
미련 남지만 말없이 돌아서 가시네

-「개나리꽃」 전문

"산골에 얼어붙은 냇물 차갑다며/불러도 눈 흘기며 다가오지 않더니//두터운 코트 입은 신사 송별식/뿌리치지 못하고 립스틱 짙게 칠해//요염한 봄 처녀 미소 지으며 다가와/못 이긴 체하며 내미는 그녀의 손" 산등성이에서 진달래가 우르르 꽃불을 놓을 때쯤이면 담벽이나 도로 가에서 노랗게 줄 서 반기는 개나리가 정겨울 때다. 이때쯤이면 어미 닭이 노란 입술의 병아리 때 이끌고 종종종 소풍 나온 모습은 바로 봄의 서막이다.

노란 꽃 몇 송이 들고 문 앞에 서서 냉정한 척 침묵 지키던 겨울, 나그네처럼 꽃다발 받고 붉어지며 머뭇거릴 때 사랑의 애무 진하게 한 후 미련 남지만 말없이 돌아서 가신다의 여운으로 노란 개나리의 내포된 상징을 빗대어 표현해보는 사랑스러운 봄 빛깔

어느 여인이 등 돌려 떠나가며
의미심장하게 마지막으로 남긴

정신 몽롱하게 유혹하는
짙은 향수 내음의 여운 생각하다

잊었던 추억의 골짜기 산책하다
눈물이 잠시 머물다 잊혀간 그 자리에

그대의 애잔한 모습
가슴을 파고들며 아스라이 다가오니

그대의 외모에 끌려 육신 탐하는 자 보다
진실한 영혼 지닌 이의 손길 그리워하고

진실 없는 비릿한 내음 풍기는
물컹한 에로스 사랑보다
영혼의 돛 펄럭이는 아가페 그리워한다

- 「국화」 전문

   국화 중에 들이나 산등성이에서 자연적으로 피는 들국화는 향기가 진하다. 11월의 무서리가 내릴 때쯤 피는 늦가을 들국화는 향기가 일반 국화보다 진한 향기가 있다. 서정주 시인의 '국화 옆에서' 대목 중 '무서리가 저리 내리고'와 '내 누님같이 생긴 꽃이여'처럼 11월쯤 눈 오기 전에 무서리의 차가움을 대비시켜 차가움을 이겨 내는 따스하고 포근함의 이미지를 살리듯이 어느 여인이 등 돌려 떠나가며/의미심장하게 마지막으로 남긴/ 정신 몽롱하게 유혹하는 국화의 진한 향수의 여운을 생각한다.

  진실이 없어 비릿한 냄새 발산하는 허구 같은 사랑은 외면당하기 일수다. 무조건 적이고 헌신적인 마치 부모가 자식을 사랑하듯이 영혼으로 성직자의 마음으로 보상이나 바람이 없이 주는 순수 사랑을 그리워하게 된다.

    동해 지키며 군웅할거 여러 용龍들
    천지 울리는 뇌성벽력 격한 사랑 나누다
    우렁차게 하늘로 치솟아 오르실 때

    안개 사이로 빠트린 반짝이는 귀한 알 하나
    수만 년 동해 지키는 바위 되어
    도요토미 후손들 경계하며

    끌려간 도공들 수백 년 그리움
    야만인에게 가르친 고급 기술
    다도 만들어 자기 기술이라 우기고

    징용 끌려가 이름 모를 이국 땅
    굴속에서 아리랑 부르시던 억울한 영혼들
    정신대로 끌려갈 때 뒤돌아보던 소녀들

    깊게 패인 바위에 새겨진 안 종복
    충신의 굳은 의지 이어받은 후손들
    바위는 아직도 충심 간직하며 성불

                                  - 「독도 2」 전문

우리나라를 36년 동안 식민지로 지배했던 일본, 오래 전에는 바다 해적들로 구성된 수백여 집단이 우리 한반도를 노략질해 오던 중 도요토미히데요시(1537~1598)가 일본을 통일하고 중국대륙 침략의 야망을 실현하기 위해 임진왜란을 일으켰으나 실패하였다. 가장 가까운 우리나라를 수백여 차례 침탈하다가 1900년대는 한국을 통째로 점령하여 식민지화 시켜 온갖 인권 박탈, 재산 등을 수탈해 왔다. 1945년 해방이 되어 대한민국은 국권을 회복하고 이제는 우리와 친교를 맺고 있다.

21세기 이르러서는 끝내 독도마저 자기들 땅이라고 우기며 세계만방에 투서, 로비를 한다. 일부 외국 선진국에서는 독도가 한국령이라고 인정하지만 다른 나라들은 관심이 없다. 해저 탐사에 의해 독도가 무궁무진한 천연자원이 있다는 것을 알게 된 일본은 계속 적으로 자기네 땅이라고 우겨댄다. 언젠가는 우리나라가 국권이 약해지면 본격적으로 속내를 드러낼 것이다.

문헌에 신라 시대부터 우리 민족이 살고 있다는 것을 부인하지 못하는 일본으로서는 막무가내다. 우리나라 문화예술공연이나 시를 통해 독도지키기에 많은 작품이 쏟아져 나오고 있다.

저자 김동욱 같은 작가들이 독도를 소재로 많은 작품

이 나오고 있다.

"동해 지키며 군웅할거 여러 용龍들/천지 울리는 뇌성벽력 격한 사랑 나누다/우렁차게 하늘로 치솟아 오르실 때//안개 사이로 빠트린 반짝이는 귀한 알 하나/수만 년 동해 지키는 바위 되어"라고 표현했다.

독도는 울릉도에서 동남쪽으로 87.4km 떨어진 해상에 있다. 동도, 서도, 두 개의 화산섬으로 되어 있고 그 주변에 89개의 바위섬으로 이루어진 화산섬이다. 신라시대 이사부가 살았다는 문헌이 있고 지금까지 계속 우리 국민이 거주하며 독도수비대가 지키고 있다. 바로 동해 지키는 바위섬이다.

"토미 후손들 경계하며/도적질해 끌려간 도공들 수백 년 그리움/야만인에게 가르친 고급 기술/다도 만들어 자기 기술이라 우기고 있다. 문화마저 짓밟아 우리 도자기의 이름 있는 도공들을 납치해가 도자기를 빚어내고는 자기내 기술이라고 우겨댄다.

"징용 끌려가 이름 모를 이국 땅/굴속에서 아리랑 부르시던 억울한 영혼들/정신대로 끌려갈 때 뒤돌아보던 소녀들//깊게 패인 바위에 새겨진 안 종복/충신의 굳은 의지 이어받은 후손들/바위는 아직도 충심 간직하며 부처의 좌상이 되어 성불하라고 동해 바다를 지키고 있다.

주권 외면하고 떠나간 땅 국가 아니라는데
봄이 올 때까지 이별하지만
영원한 이별 아니기를

고향 떠나는 마지막 배 기다리는데
외치기 싫은 뱃고동 소리 더 슬픈데
그 소리 가슴 파고들어 실향민들의 가슴 후벼 파

영원한 이별이 될지도 모르는
불안한 마음이 드는 건
긴 세월 돌아오지 못하게 될지도

짐 가방 들려니 그 무게 천근이고
아이의 손 잡으니 긴 여정의 무게
어찌 감당할지 막막하여라

서대문에 갇힌 이들의 무게
어찌 방면할 수가 있을지
독도는 왜 조용히 있는가?

- 「독립투사의 노래」 전문

    이씨 조선의 말경 조선의 고종 34년(1897)에 국호를 대한제국이라 바꾸고 왕을 황제라 하였다. 연호를 광무라 하며 대한제국의 황제로 칭하게 된다. 그러나 1910년 일제의 침략으로 강제 합병되어 국권 파탈로 멸망하였다.
    1919년 4월11일 상해에서 임시헌장의 선포로 대한제국에서 대한민국인 백성의 나라民로 민주주의 국가가 탄생한다. 그리고 일제의 감시망을 피해 암약하다가 1945년에 제2차 세계대전이 끝나면서 해방이 되고 독립되었다. 1948년에 남한만의 총선으로 민주공화국이 된 것이다.

해방 전에 각 처에서 독립운동을 전개하고 상해에서는 김구 등 애국지사를 통해 임시 정부를 수립해 본격적인 독립운동을 전개하였다.

대한제국 시대에 백성들은 일제 수탈로 견디기 어려워 북간도 등 상해, 사할린 등으로 이민을 가고 일제가 손을 뻗치는 곳에는 조선족으로 숨어 살고 그곳에서 자리 잡고 살게 되었다.

"주권 외면하고 떠나간 땅 국가 아니라는데/ 봄이 올 때까지 이별하지만/영원한 이별 아니기를" 일가족을 데리고 외국으로 이민 가서 새로운 터전을 마련하고자 고국을 떠난 이들이 유행처럼 번졌다.,

어쩔 수 없이 독립운동으로 쫓겨 피신하기 위해서 상해 등 거점지를 옮겨 다니던 독립 투사들. "봄이 올 때까지 이별하지만" 해방이 될 때까지 잠시 이별하지만, 그것이 영원히 돌아올 수 없게 되지 않기를 기원하면서 고국을 잃은 슬픔에 젖어본다.

지금도 당시의 상흔이 남아 있는 서대문형무소의 신음

소리가 남아 그때 투옥되어 고문 받는 원혼을 달래며 후손들의 마음을 아리게 하고 더욱 나라 사랑에 다짐하게 하는 글발이 배어 있다.

> 몰락은 경쟁의 굴레에서
> 먼 곳으로 떠나가게 만들어
>
> 약자의 긴 줄에서 벗어나지 못해
> 나날이 고개 숙이던 일상
>
> 그곳에서 먼 곳으로 떠나
> 몰락이 아니었다면 맛보지 못할 공기
>
> 언제 경쟁자의 화살이 날아올지 모르는
> 그곳을 떠나는 이들
> 외로움이라는 적인지 아군인지
>
> 살며시 다가와 세월의 숫자 지우니
> 원치 않는 자연인 되어버린
> 세월의 강물은 넘실거리며 흐른다
>
> - 「외로움 1」 전문

" 몰락은 경쟁의 굴레에서/먼 곳으로 떠나게 만들어//약자의 긴 줄에서 벗어나지 못해/나날이 고개 숙이는 일상" 사회는 생존경쟁의 시대로 점철되어 있다.

자연히 희로애락의 일상이 되어 버린다. 그렇게 경쟁의 굴레에서 허덕이다 보면, 언제 경쟁자의 화살이 날아올지 불안과 괴로움, 외로움이 싹 튼다.

따라서 적군인지 아군인지 쉽게 구분이 가지 않아 신중하게 피해 떠날 수 밖에 없다. 세월의 숫자 지우듯 잊혀지니 세월의 강물은 넘실 거리며 유유히 흐른다.

그대들이 걸어가는 여정에는
미소 띤 천사만 있는 게 아니며
천사로 위장한 늑대들도 여기저기

성직자 외우는 성서
악마도 성서를 인용할 줄 안다는 것
그대들 아시는가?

큰 재물을 한 번에 안으려는 욕망은
그대의 영혼에 악령이 미소 지으며 다가오는
미세한 틈새 만들 것이니

그런 미세한 틈새 만들지 않는
단단한 영혼을 가진 그대라면
언젠가는 코스모스 피는 꽃 길 볼 것

- 「희망 4」 전문

그대들이 걸어가는 긴 여정의 일상에는 정겹고 바른

사람들만 있는 것이 아니다. 종교 속이나 일반의 삶 속에는 생존 경쟁의 삶이기에 미소 띤 천사들만 있는 것은 아닐 것이다. 가짜가 판치는 세상에 그렇게 사회 전반 곳곳에 형체를 가린 가면 쓴 이들이 있기 마련이다.

성직자들이 다루는 성서라 해도 악마들이 성서를 인용해 사회 전반에 틈새를 노려 침투해 있다. 그러기에 말려들지 말 것을 스스로 기도하고 마음을 정갈하게 다져 나가야 하는 것이다.. 그렇게 미세한 틈새를 노리지 못하도록 단단한 영혼을 가진 그대라면 언젠가는 코스모스 피는 희망이 넘치는 꽃길을 걸어갈 것이다.

김동욱 시인은 일반인이 갖지 않은 우주의 진리를 밝게 보는 혜안을 갖고 있는 것 같다. 특히 조국애에 대한 애착이 강하고 부적절한 부분은 섬세하게 분석하고 지적할 줄 안다. 아마 몸에 밴 오랜 특전사 군 출신이어서 애국심이 남다르지 않나 생각해 본다.

「운명」, 「달2」, 「문학인의 인격」, 「독도2」, 「독립 투사의 노래」는 일제가 침탈해 식민지화 시킨 대한제국의 참상과 국민 누구나 당하면서 눈을 피해 독립정신으로 무장해 항거하거나 보이지 않게 뒤에서 도움을 주는 백성들이 많았다. 잃어 본 사람이 소중함과 절실함을 아는 것처럼 요즘 세대들에게 이정표가 되는 글을 많이 기고했다. 2025년 3월에 들어 106주년 삼일운동을 기념하는 행사

와 공연이 문화예술 쪽에서 활발하게 펼쳐져 국민의 애국정신을 고취 시키고있다.

경제와 문화가 발전하는 대한민국은 이제 보건, 복지 등 살기가 편리해진 시대가 도래되었다. 현 시대는 선물처럼 주어지는 일상생활의 많은 기쁨과 보람으로 살만한 가치가 있는 것으로 여기고 자신의 길을 걸어간다. 나라를 빼앗기고 전쟁의 참상을 겪으면서 나라를 키우고 발전시키는 선인들이 있었기에 당시의 어른들은 유난히 조국이라는 것이 얼마나 소중한 것인가를 처연하게 느낀다. 그리하여 후손들에게 글로 일깨워 주는 김동욱 같은 작가들이 독립정신 사상을 일깨워 주는 글을 남기는 것이다.

앞으로 김동욱 시인의 더 좋은 글을 상재해 주길 기대하며 『끝이 있는 길을 걸어가며』 시집이 읽는 많은 이들에게 공감대 형성이 되리라 기대해 본다.